Meine erste Reitstunde mit Cadmolino

Lisl Stabinger

Illustriert von
Irmtraud Guhe

Inhalt

Impressum

Copyright © 2004 by
Cadmos Verlag GmbH, Brunsbek
Gestaltung + Satz: Ravenstein, Verden
Illustrationen: Irmtraud Guhe
Druck: Grindel Druck, Hamburg

Printed in Germany

ISBN 3-86127-042-0

Cadmolino & Steffi

Willkommen in Cadmolinos Reitschule!

Hallo, ich heiße Cadmolino. Zusammen mit meinem Pflegemädchen Steffi habe ich riesigen Spaß an unseren gemeinsamen Reitstunden. Am Anfang saß Steffi noch ganz schön wacklig im Sattel, aber inzwischen sind wir ein gutes Team geworden.

Träumst du auch davon, reiten zu lernen? In diesem Buch erfährst du, welche Ausrüstung du dafür brauchst, wie du richtig aufs Pferd kommst und was du in den ersten Reitstunden alles lernst. Natürlich erklären wir dir auch, was du vor und nach der Reitstunde beachten solltest. Und damit der Spaß nicht zu kurz kommt, haben Steffi und ich uns zwischendurch ein paar lustige Rätsel ausgedacht, mit denen du deine Reitkenntnisse überprüfen kannst.

Viel Spaß beim Lesen und beim Reitenlernen!

Dein Cadmolino

Reiten – das schönste Hobby der Welt

Reiten lernen – aber wo?

Reiten ist ein wunderschönes Hobby, und wahrscheinlich hast du Pferde sehr gerne.
Bestimmt gibt es in deiner Umgebung Reitschulen. Bevor du dich in einem Reitstall anmeldest, solltest du dir den Betrieb aber in aller Ruhe anschauen: Ist der Reitlehrer auch wirklich in der Lage, seinen Schülern etwas beizubringen? Sind die Schulpferde freundlich, und gehorchen sie dem Lehrer?
Wenn das nicht der Fall ist, kann eine Reitstunde ein gefährliches Erlebnis werden!

Cadmolinos Pferdewissen:

Friedliche Pferde?

Wir Pferde sind von Natur aus freundlich zu Menschen. Wenn wir treten oder beißen, tun wir das nur, weil wir schon einmal ein schlechtes Erlebnis mit einem Menschen hatten oder weil wir nicht gut behandelt worden sind.
Wenn in deiner Reitschule mehrere Pferde beißen oder treten, solltest du besser den Reitstall wechseln.

Beim Zuschauen findest du heraus, ob du dich in dieser Reitschule wohl fühlst. Außerdem kannst du von den fortgeschrittenen Reitern viel lernen.

Sicher ist sicher ...

Wenn du eine gute Reitschule gefunden hast, kannst du dich dort zum Reitunterricht anmelden.
Das wichtigste Bekleidungsstück – schon bei der ersten Reitstunde – ist ein Reithelm.
Er sollte gut sitzen und mit einem Kinnriemen ordnungsgemäß an deinem Kopf befestigt werden. In einer guten Reitschule kannst du dir für die ersten Stunden einen Reithelm ausleihen. Du solltest dir aber so bald wie möglich einen eigenen Helm zulegen, der dir ganz genau passt und deinen Kopf besser schützt als ein gebrauchter Leihhelm.

Ein gut sitzender Reithelm ist schon bei der ersten Reitstunde sehr wichtig.

Die Reitkleidung

Zur ersten Reitstunde brauchst du nicht unbedingt gleich in Reithose und Reitstiefeln zu erscheinen. Es reichen vorerst eine eng anliegende Hose und Turnschuhe. Die Hose sollte nach Möglichkeit keine harten Nähte an den Innenseiten der Beine haben. Die Turnschuhe sollten knöchelhoch sein, damit du nicht mit der Lasche im Steigbügel hängen bleibst.

Die vollständige Reitausrüstung sieht toll aus – aber für deine ersten Reitversuche brauchst du sie noch nicht.

Steffis Tipp:

Reitkleidung für Fortgeschrittene

Wenn dir das Reiten Spaß macht, wirst du dir später auch Reithandschuhe, eine Reithose und Reitstiefel wünschen. Und eventuell auch eine Sicherheitsweste. Das ist eine Weste, die wie ein Panzer aus Schaumstoff deine Wirbelsäule schützt, falls du einmal vom Pferd fällst.

Versteckte Reitausrüstung

Buchstabenrätsel

In diesem Buchstaben-Wirrwarr ist die vollständige Ausrüstung des Reiters versteckt. Findest du alle Kleidungsstücke? Nimm einen Stift und kreise die Begriffe ein!

ONSETNREITHOSEELZLMHGIELGLOBSMKLAYCB

PUTREITHELMKEZLEZKLOABTERUMISMASOMBTI

KEZNHRNLRPSICHERHEITSWESTELHETEWOIMLA

BREITHANDSCHUHESLHLEICHLTSEIGABLITWETU

ANOULPETRNIBLANOMIBREITSTIEFELPLITRITBMP

Hast du alle Wörter gefunden?
Diese Begriffe stecken in dem Wirrwarr:
Reithelm, Reithose, Reitstiefel, Sicherheitsweste, Reithandschuhe.
Auf **Seite 31** kannst du nachschauen, wo sich die Begriffe versteckt haben.

Vor der Reitstunde

Putzen und Kennenlernen

Cadmolinos Pferdewissen:

Vorsicht beim Putzen!

Beim Putzen reinigst du nicht nur das Fell, du massierst auch die Muskeln des Pferdes. Das ist den meisten Pferden sehr angenehm. Doch es gibt auch kitzlige Pferde, die dann zappeln und drohen. Bei solchen Pferden solltest du vorsichtig sein, denn sie können hin und wieder sehr ungehalten reagieren!

Bevor das Pferd gesattelt wird, muss das Fell glatt und sauber sein.

Wenn du zu deiner ersten Reitstunde kommst, stellt dein Reitlehrer dir erst einmal das Pferd vor, das du reiten wirst.

Vor dem Reiten muss das Pferd geputzt werden. Das ist eine gute Gelegenheit, dich mit ihm bekannt zu machen. Bevor der Sattel auf den Pferderücken gelegt wird, muss das Fell glatt gebürstet werden. Manchmal entdeckt man beim Pflegen des Pferdes auch kleinere Wunden.

Wenn du eine Schramme bemerkst, solltest du dem Reitlehrer Bescheid geben – besser einmal zu oft als einmal zu wenig!
Auch die Hufe sollten vor dem Aufsitzen kontrolliert werden. Denn schon ein kleiner Stein im Huf kann dem Pferd beim Laufen wehtun.

Gleich geht's los!

Bei den ersten Malen wird dein Pferd wahrscheinlich vom Reitlehrer oder von einem Pfleger gesattelt und gezäumt. Später lernst du, dein Pferd selbst vorzubereiten.

Vor dem Aufsteigen musst du die Steigbügelriemen auf die richtige Länge einstellen. Hierzu legst du deinen Mittelfinger oben auf die Schnalle des Steigbügelriemens. Mit der anderen Hand nimmst du den Steigbügel und führst ihn an deinem Arm entlang. Der Steigbügelriemen hat die richtige Länge, wenn der Steigbügel genau bis in die Achselhöhle reicht. Wiederhole das Gleiche auf der anderen Seite – und nun heißt es aufsitzen!

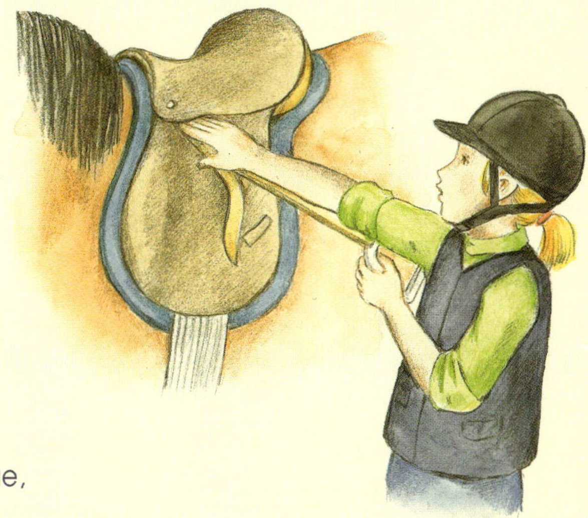

Wenn der Steigbügel bis in deine Achselhöhle reicht, passt die Länge der Steigbügelriemen zu deiner Beinlänge.

So kommst du aufs Pferd

Stelle dich auf der linken Seite des Pferdes mit dem Rücken zum Pferdekopf auf. Jetzt hebst du dein linkes Bein und steckst den Fuß in den Steigbügel. Mit den Händen ziehst du dich am Sattel hoch und schwingst das rechte Bein über den Pferderücken. Dann lässt du dein Gesäß langsam in den Sattel gleiten und schlüpfst auch mit dem rechten Fuß in den Steigbügel. Nun sitzt du hoch oben auf dem Rücken des Pferdes!

1

Zum Aufsteigen stellst du den linken Fuß in den Steigbügel. Mit der linken Hand greifst du oben an den Sattel, die rechte Hand fasst hinten an den Sattel.

2

Jetzt steigst du mit Schwung in den linken Steigbügel und hebst dein rechtes Bein über den Pferderücken.

Vorsichtig lässt du dich in den Sattel gleiten und schlüpfst nun auch mit dem rechten Fuß in den Steigbügel.

3

Steffis Tipp:

Steigbügel richtig aufnehmen

Wenn du von außen nach innen in den Steigbügel schlüpfst, ist der Steigbügelriemen immer gerade und reibt nicht an deinem Unterschenkel!
Denke auch daran, dass du immer nur die Zehenspitzen durch den Steigbügel steckst. Wenn du mit dem Fuß zu tief in den Bügel rutschst, kannst du bei einem Sturz darin hängen bleiben.

Die erste Reitstunde

Reiten an der Longe

An der Longe kannst du dich ganz auf deinen Sitz konzentrieren, weil dein Reitlehrer auf das Pferd achtet.

So sitzt du richtig auf dem Pferd. Zu Beginn musst du die Zügel aber noch nicht selbst halten, weil der Reitlehrer das Pferd an der Longe führt.

Deine erste Reitstunde ist wahrscheinlich eine Longenstunde. Dabei läuft das Pferd an einer langen Leine – einer Longe – im Kreis um den Lehrer herum. Während der Longenstunde brauchst du dich nicht darum zu kümmern, wohin das Pferd läuft. Du musst weder lenken noch das Tempo bestimmen – das übernimmt erst einmal der Reitlehrer für dich.

So sitzt du richtig im Sattel

Auf dem Pferd solltest du immer gerade sitzen. Von der Seite betrachtet, sollten deine Ferse, dein Po, dein Ellbogen und deine Schulter eine Linie bilden. Federe mit den Fersen nach unten, sodass sie immer der tiefste Punkt deines Körpers sind, und mach die Beine lang – sonst rutschen deine Füße leicht aus den Steigbügeln.

Reiten im Schritt

Am Anfang wird der Reitlehrer das Pferd im Schritt an der Longe führen. Pferde, die zum Longenunterricht eingesetzt werden, haben normalerweise viel Erfahrung. Deshalb sind sie sehr brav und ruhig.

Cadmolinos Pferdewissen:

Schreck, lass nach!

Auch ein noch so braves Pferd kann sich mal erschrecken. Wir Pferde sind Fluchttiere – das heißt, wir laufen davon, wenn wir Angst bekommen. Deshalb solltest du immer darauf gefasst sein, dass dein Pferd plötzlich flotter wird, wenn es sich erschreckt.

Übungen zum Lockern

Nach ein paar Runden im Schritt, bei denen du dich vorne am Sattel festhalten kannst, beginnen nun die Lockerungsübungen. Das sind Turnübungen am Pferd, die dir helfen, auf dem bewegten Pferderücken das Gleichgewicht zu finden. Es gibt viele lustige, aber auch schwierigere Übungen. Vielleicht fordert der Reitlehrer dich auf, mit den Armen zu kreisen oder dich nach vorne zu strecken und mit den Fingern die Ohren des Pferdes zu berühren.
Es kann auch sein, dass du die Arme ganz hoch über den Kopf strecken oder mit der rechten Hand die linke Zehenspitze berühren sollst – und umgekehrt. Du wirst sehen, das ist nicht schwer und macht riesig Spaß!

Lockerungsübungen verbessern nicht nur dein Gleichgewicht – sie machen auch viel Spaß!

Cadmolinos Pferdewissen:

Aufwärmen für Pferd und Reiter

Auch wir Pferde müssen uns zu Anfang der Reitstunde erst einmal lockern und unsere Muskeln erwärmen. Daher beginnt jede Reitstunde im Schritt, damit auch wir uns auf unsere „Fitnessübungen" vorbereiten können.

Reiten im Trab

Nach den Aufwärmübungen wird dein Reitlehrer das Pferd traben lassen. Am Anfang ist das eine sehr wackelige Angelegenheit. Am besten hältst du dich zu Beginn vorne am Sattel fest und lehnst dich ein wenig zurück. Versuche mit deinem Gesäß den Bewegungen des Pferdes zu folgen.

Steffis Tipp:

Luft holen nicht vergessen!

Ganz wichtig für das Traben ist deine Atmung. Wenn du dich verkrampfst und nicht genug Luft einatmest, kannst du Seitenstechen bekommen – das tut ganz schön weh! Darum solltest du den Mund zum Atmen leicht öffnen. Denk an den Spruch „Immer lächeln am Pferd!" – denn so ist der Mund immer ein wenig offen zum Luftholen. Mach ihn aber nicht zu weit auf, sonst kann es passieren, dass du eine Mücke verschluckst!

1

2

3

Beim Leichttraben stehst du bei jedem zweiten Trabtritt im Sattel auf. Das klingt schwierig, aber wenn du den Takt erst gefunden hast, ist es sehr angenehm.

Das Leichttraben

Wenn du dich an den Trab deines Pferdes gewöhnt hast und aussitzen kannst – so heißt das Sitzenbleiben im Trab –, geht es ans Leichttraben!

Das ist die angenehmste Art, im Trab zu reiten, auch wenn das Leichttraben am Anfang viel Mühe bereitet. Dabei steht der Reiter bei jedem zweiten Tritt des Pferdes im Sattel auf, um das Pferd zu schonen und es nicht mit dem vollen Gewicht zu belasten.

Um das Leichttraben zu lernen, kannst du anfangs den Takt der Tritte zählen: „Eins, zwei – eins, zwei – eins, zwei ...“. Bei „eins“ stehst du jedes Mal auf, und bei „zwei“ setzt du dich wieder in den Sattel.

Es braucht ein wenig Zeit, bis man das Leichttraben beherrscht, aber dann ist es umso angenehmer!

Cadmolinos Pferdewissen:

Immer schön sanft sitzen

Ich habe es gerne, wenn mein Reiter leichttrabt. Trotzdem habe ich mir unter einem Reitanfänger schon hin und wieder meinen Rücken geprellt, weil sich der Reiter einfach in den Sattel plumpsen ließ. Denke also bitte immer an den armen Pferderücken und lass dich nicht wie ein Mehlsack in den Sattel fallen!

Reiten im Galopp

Nun kennst du die Gangarten Schritt und Trab – da fehlt noch eine: der Galopp!

Beim Galoppieren an der Longe solltest du dich zu Beginn mit der inneren Hand hinten am Sattel festhalten. Mit dieser Hand kannst du dein Gesäß fest in den Sattel ziehen, während deine äußere Hand vorne an den Sattel greift.

Im Galopp an der Longe hältst du dich mit deiner inneren Hand hinten am Sattel fest und ziehst dabei deinen Po ganz fest in den Sattel.

Steffis Tipp:

Innere und äußere Hand

Als innere Hand bezeichnet man die Seite von Reiter und Pferd, die ins Bahninnere zeigt – an der Longe ist das also die Hand, die näher bei deinem Reitlehrer ist.
Die äußere Hand ist die Seite, die nach außen zum Reitplatzzaun oder zur Hallenwand zeigt. Man spricht auch vom Reiten auf der linken Hand und auf der rechten Hand. Wenn man links herum reitet, ist man also auf der linken Hand, und rechts herum reitet man auf der rechten Hand – je nachdem, welche Hand gerade innen ist.

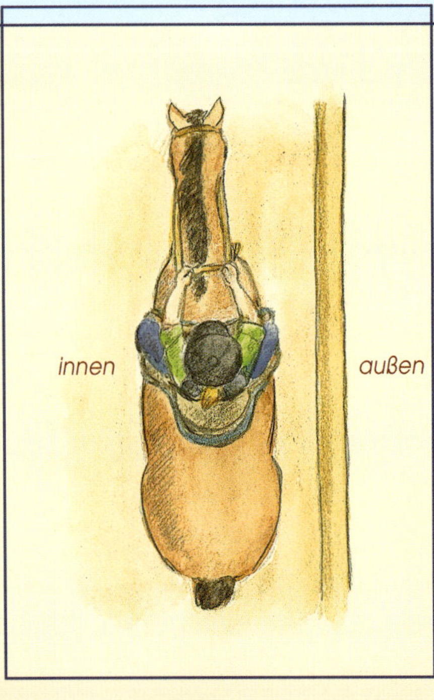

Galoppieren im Gleichgewicht

Versuche auch im Galopp mit deinem Körper der Bewegung des Pferdes zu folgen. Es hilft, wenn du dir ganz fest vorstellst, mit deinem Hosenboden den Sattel zu polieren! Wenn du das machst, sitzt du im Galopp fest im Sattel und kannst versuchen, eine Runde zu galoppieren, ohne dich mit der inneren Hand festzuhalten. Und immer dran denken: Oberkörper zurück!

Steffis Tipp:

So erkennst du die Gangarten

Der Schritt ist die langsamste Gangart des Pferdes. Er ist ein Viertakt – das heißt, dass das Pferd immer ein Bein nach dem anderen auf den Boden setzt. Du kannst den Takt so mitzählen: „Eins, zwei, drei, vier – eins, zwei, drei, vier ...".
Der Trab ist ein Zweitakt: „Eins, zwei – eins, zwei ...". Das heißt, das Pferd tritt immer mit einem vorderen und einem hinteren Bein gleichzeitig auf. Das rechte Vorderbein bewegt sich gleichzeitig mit dem linken Hinterbein und das linke Vorderbein mit dem rechten Hinterbein.
Der Galopp ist ein Dreitakt – man kann so mitzählen: „Eins, zwei, drei – eins, zwei, drei ...". Je nachdem, welcher Vorderfuß zuletzt auf den Boden aufspringt, unterscheidet man Rechts- und Linksgalopp oder Innen- und Außengalopp. Im Rechtsgalopp trifft das rechte Vorderbein als letztes Bein auf den Boden auf und greift am weitesten vor, im Linksgalopp ist es das linke Vorderbein. In der Reitbahn galoppiert man normalerweise immer im Innengalopp, also beim Reiten auf der rechten Hand im Rechtsgalopp und auf der linken Hand im Linksgalopp.

Hausaufgaben

Auch zu Hause kannst du ein paar Trockenübungen machen, um bei der nächsten Reitstunde noch besser im Sattel zu sitzen.
Wenn du einen Sitzball oder Hüpfball besitzt, kannst du den Sitz im Sattel trainieren – das Mitgehen im Trab und im Galopp –, und du kannst das Leichttraben üben, wenn du im Takt „eins, zwei, eins, zwei ..." zählst und immer wieder bei „eins" aufstehst.
Den richtigen Reitersitz kannst du sogar in der Schule üben. Sitz gerade, nimm die Schultern zurück und trage deinen Kopf hoch. Reiten fördert die gute Haltung!

Auf einem großen Ball kannst du den richtigen Sitz üben.

Steffis Tipp:

Keine Chance dem Muskelkater!

Durch die Haltung auf dem Pferd werden verschiedene Muskeln beansprucht, die man sonst nicht so oft einsetzt. Diese Muskeln spürst du dann am Tag nach der Reitstunde ganz besonders – du hast einen Muskelkater!
Wenn du deine Muskeln nach dem Reiten dehnst, wird der Muskelkater nicht so schlimm. Am meisten haben deine Beinmuskeln am Pferd zu tun. Darum dehne sie, indem du dich vor einen Stuhl stellst und ein Bein auf den Stuhl legst. Nun beugst du deinen Oberkörper und die Arme in Richtung der Zehenspitze. Das machst du am besten fünfmal bei jedem Bein.

Cadmolinos Pferdewissen:

Übung macht den Meister

Da die Zügel direkt in Verbindung mit der Trense im Pferdemaul stehen, wirst du ein wenig üben müssen, bevor dich der Reitlehrer selbst lenken lässt. Denn eine ungeübte Reiterhand kann dem Pferd arge Schmerzen zufügen.

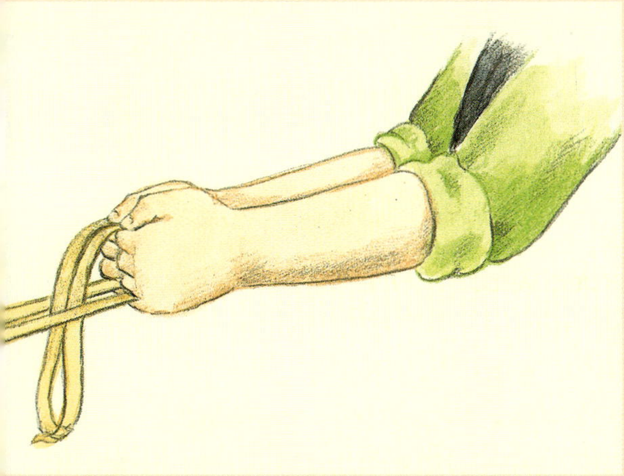

Die Zügel laufen durch deine beiden Fäuste. Die Daumen sorgen dafür, dass dir das Pferd die Zügel nicht aus der Hand ziehen kann.

Die Zügelhaltung

Vielleicht zeigt dir dein Reitlehrer am Ende der Stunde auch schon, wie man die Zügel richtig hält.
Dazu greifst du von oben auf den Zügel und umschließt ihn mit deiner Faust. Dann legst du deinen kleinen Finger unter den Zügel und machst die Finger fest zu. Mit dem Daumen drückst du den Zügel auf den Zeigefinger. Stelle die Fäuste auf, und achte darauf, dass beide Hände nebeneinander stehen.
Später wirst du lernen, deine Hände beim Reiten unabhängig von deinem restlichen Körper zu bewegen.

Reitstunden-Rätsel

Trage die Lösungswörter in die Kreise ein, und nimm auch für jedes Ä, Ö und Ü einen Kreis. Wenn du am Schluss die Buchstaben aus den durchnummerierten Kreisen zusammensetzt, kommt der Name von jemandem heraus, den du schon ganz gut kennst. Die Auflösung findest du auf **Seite 31.**

1. Ein Pferd ist ein Fluchttier – deshalb kann es sich leicht

E r s c h r e c k e n

(8)

2. Die langsamste Gangart des Pferdes ist der

S c h r i t t

(1)

3. Jede

R e i t s t u n d e

(3)

beginnt im Schritt.

4. Zu Beginn der Stunde muss auch das Pferd seine Muskeln lockern und

A u f w ä r m e n

(4)

5. Eine schnellere Gangart im Zweitakt heißt

T r a b
2

6. Wenn der Reiter bei jedem zweiten Trabtritt aufsteht, nennt man das

L e i c h t t r a b e n
7

7. Wenn das Pferd sich im Dreitakt bewegt, heißt die Gangart

G a l o p p
5

8. Deine Füße stecken beim Reiten in den

S t e i g b ü g e l n
6

9. Der Reitlehrer führt das Pferd anfangs an der

L o n g e
9

Der gesuchte Name lautet:

C a d m o l i n o
1 2 3 4 5 6 7 8 9

Nach der Reitstunde

Vielen Dank, liebes Pferd!

Wenn die erste Longenstunde zu Ende ist, solltest du dein Pferd loben und dich für seine Arbeit bedanken. Am besten streichelst und tätschelst du ihm den Hals – dann weiß das Pferd, dass du mit ihm zufrieden warst.

Nach der Reitstunde lobst du dein Pferd, indem du seinen Hals streichelst.

1

Beim Absitzen rutschst du zuerst mit dem rechten Fuß aus dem Steigbügel und hebst das Bein über den Pferderücken.

2

Dann stützt du dich mit beiden Händen auf den Sattel und ziehst auch den linken Fuß aus dem Steigbügel.

Zuletzt lässt du dich vorsichtig zu Boden gleiten.

3

So kommst du aus dem Sattel

Zum Absitzen nimmst du den Fuß aus dem rechten Steigbügel und hebst dein Bein hinten über den Sattel. Dann stützt du dich mit beiden Händen am Sattel ab und ziehst auch den linken Fuß aus dem Steigbügel. Danach lässt du dich langsam zu Boden gleiten.
So, nun hast du wieder festen Boden unter deinen Füßen – doch jetzt fängt die Arbeit erst an: Das Pferd muss versorgt werden!

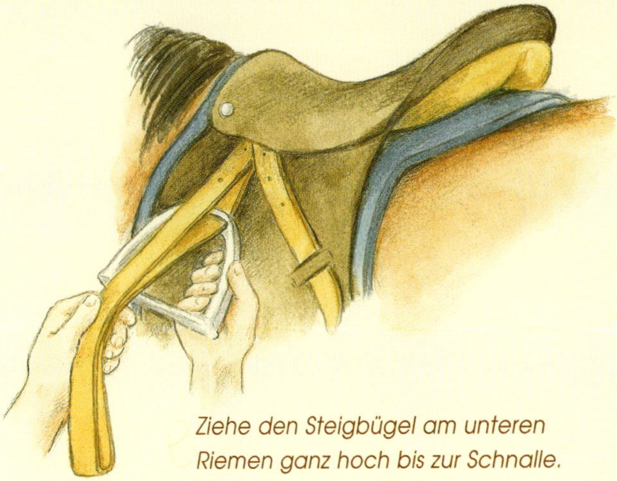

Ziehe den Steigbügel am unteren Riemen ganz hoch bis zur Schnalle.

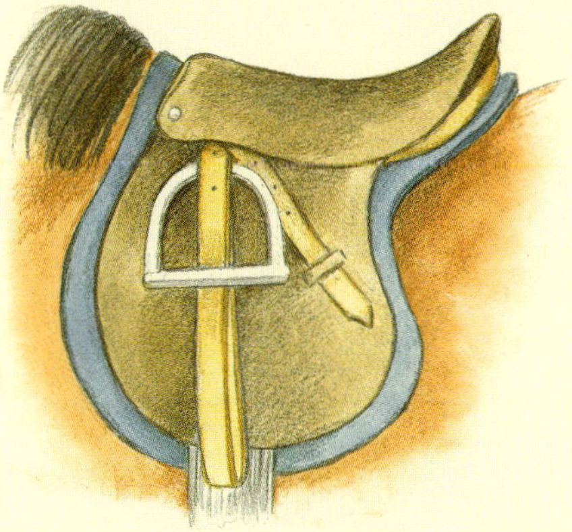

Dann fädelst du beide Riemen durch den Bügel. So ist der Steigbügel ordentlich verstaut!

Steigbügel hochziehen

Als Erstes ziehst du die Steigbügel hoch. Dazu nimmst du jeden Bügel in die Hand und schiebst ihn am unteren Steigbügelriemen ganz hoch bis zur Schnalle. Danach ziehst du den oberen und den unteren Riemen durch den Bügel, damit dieser nicht wieder herunterrutschen kann.

Cadmolinos Pferdewissen:

Hoch mit den Bügeln!

Es ist sehr wichtig, sofort nach dem Absitzen die Steigbügel zu verwahren, denn wir Pferde können uns schwer verletzen, wenn wir zum Beispiel nach einer Fliege treten und dabei mit dem Huf in den Steigbügel geraten!

Richtig führen

So führst du das Pferd in seinen Stall: Nimm beide Zügel knapp unter dem Pferdekinn in die rechte Hand, und stecke den Zeigefinger und den Mittelfinger zwischen die beiden Zügel. Wenn du das Pferd führst, achte auf deine Zehen! So ein Pferd ist ganz schön schwer, und wenn es dann vielleicht noch Hufeisen trägt, kann das auf deinen Füßen ziemlich wehtun!

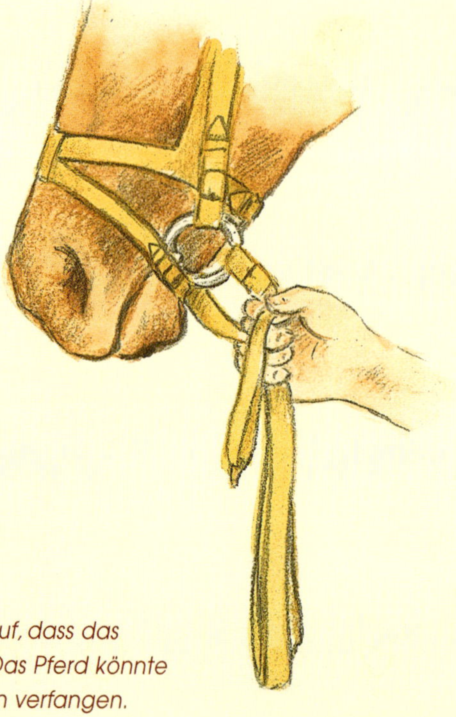

Achte beim Führen immer darauf, dass das Zügelende nicht zu tief hängt. Das Pferd könnte sonst drauftreten oder sich darin verfangen.

Steffis Tipp:

Immer schön links halten!

Egal, was du tust – aufzäumen, satteln, aufsitzen, absitzen, absatteln, abzäumen oder führen –, du solltest es immer von der linken Seite des Pferdes ausführen. Das ist in der Reiterei so üblich, und auch die Zaumzeuge und Halfter sind so entwickelt, dass fast alle Schnallen auf der linken Seite angebracht sind.

Absatteln und Abzäumen

Jetzt wird das Pferd noch abgesattelt und abgezäumt. Nach deinen ersten Reitstunden wird das noch der Reitlehrer oder ein Helfer für dich erledigen. Schau gut zu, damit du dein Pferd bald selbst versorgen kannst!

Nach der Reitstunde freut sich das Pferd, wenn seine Beine mit Wasser gekühlt werden.

Die Pflege danach

Nun musst du noch einmal die Hufe auskratzen, und auch das Fell sollte nach dem Reiten gebürstet werden. In manchen Reitställen ist es üblich, dem Pferd nach dem Reiten die Beine mit Wasser abzuspritzen. Oft wird auch die Sattellage – das ist der Teil des Pferderückens, auf den der Sattel aufgelegt wird – mit einem feuchten Tuch oder Schwamm gekühlt und gereinigt. Auch das Sattelzeug braucht Pflege. Die Trense wäscht man nach dem Reiten sorgfältig mit Wasser ab, und der Sattelgurt sollte mit einer groben Bürste von Pferdehaaren befreit werden.

Cadmolinos Pferdewissen:

Was Pferde gerne mögen

Wenn du nach der Pferdeversorgung noch ein wenig Zeit hast, freut dein Pferd sich über ein paar Streicheleinheiten oder über kleine Leckereien – aber bitte gib ihm keinen Zucker, denn auch Pferde können Zahnschmerzen bekommen! Am liebsten fressen wir Möhren, Äpfel und trockenes Brot. Oder probier mal das Rezept auf der nächsten Seite!

Rezept für Pferde-Leckerli

Das brauchst du:

- 2 mittelgroße, geriebene Äpfel
- 500 Gramm Cornflakes
- 1/8 Liter Haferflocken
- 100 Gramm Mehl
- 50 Gramm Zucker
- 2 Teelöffel Backpulver
- 4 Esslöffel Öl

So bereitest du die Leckerli zu:

1. Heize den Ofen auf 180°C vor.
2. Belege ein Blech mit Backpapier.
3. Verrühre die Zutaten und setze kleine Häufchen auf das Blech.
4. Schiebe das Blech für zehn Minuten ins Backrohr.
5. Nach zwei Tagen Lagerung kannst du deine selbst gemachte Spezialität verfüttern!

Du kannst die Leckerli auch in verschiedene Geschmacksrichtungen verändern: Für Pfefferminz-Geschmack füge noch die Inhalte von drei Pfefferminzteebeuteln zu. Oder möchtest du, dass sie nach Vanille schmecken? Dann gib noch drei Päckchen Vanillezucker zum Teig!

Gutes Gelingen!

Die Pferdeausrüstung

Ein Blick in die Sattelkammer

Nicht alle Sättel sehen gleich aus. Neben verschiedenen Farben – meist schwarz oder braun – haben die Sättel auch unterschiedliche Formen.
Dressursättel haben sehr lange Sattelblätter und manchmal lange Gurtstrippen. Beim Springsattel sind die Sattelblätter kurz und nach vorne gezogen. Außerdem hat er große Kniepauschen. Wo die Sattelblätter und Pauschen liegen, siehst du auf der nächsten Seite.
Der Vielseitigkeitssattel ist eine Mischung aus beiden und eignet sich für die Dressur wie auch für das Springreiten.

Es gibt auch Spezialsättel wie zum Beispiel den Islandpferdesattel mit Rippsitz, den iberischen-spanischen Sattel oder den Westernsattel.

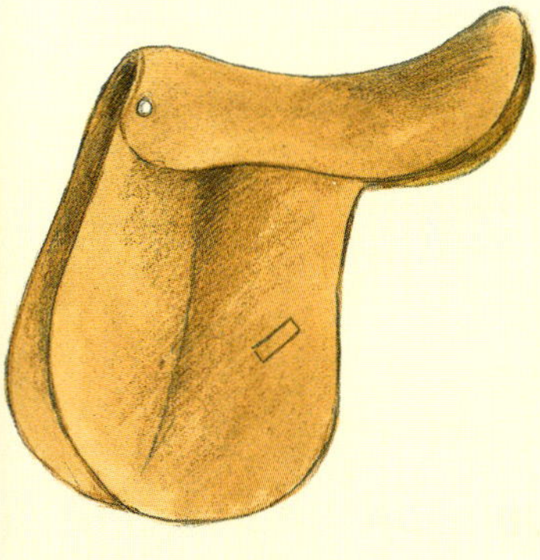

Der Dressursattel hat lange Sattelblätter, die dem Reiter zugute kommen, wenn er schwierige Dressuraufgaben reiten will.

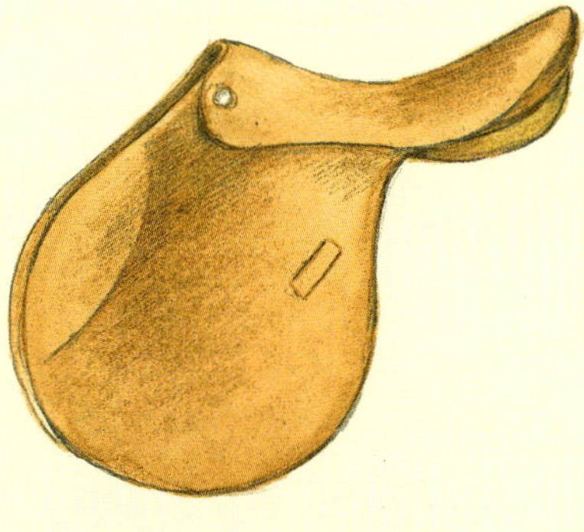

Der Springsattel eignet sich besonders fürs Springreiten. Seine Kniepauschen geben dem Reiter guten Halt über dem Sprung.

Der Vielseitigkeitssattel eignet sich für die Dressur genauso wie fürs Springen. Außerdem ist er ein bequemer Sattel für Ausritte.

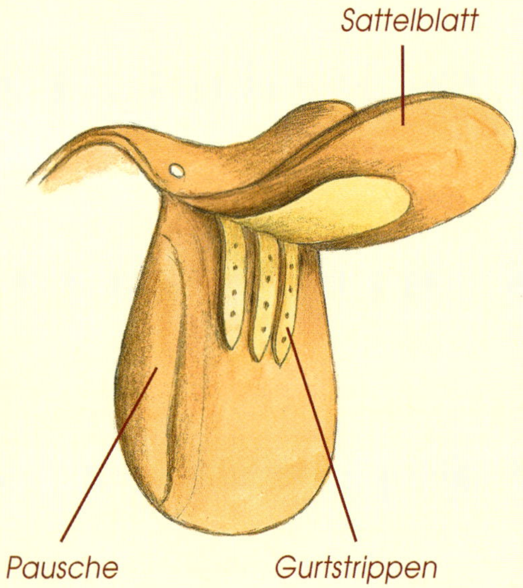

Steffis Tipp:

Kleines Sattel-Abc

Die Sattelblätter sind die Lederteile rechts und links am Sattel, die unter den Beinen des Reiters liegen. Die harten Wülste unter den Sattelblättern, die deinen Knien den richtigen Halt im Sattel geben, bezeichnet man als Pauschen. Die Gurtstrippen, an denen der Sattelgurt befestigt wird, liegen unter den Sattelblättern.

Zäumungen

Auch Zaumzeuge gibt es in verschiedenen Ausführungen. Sie unterscheiden sich durch ihre Verschnallungen und durch ihre Gebisse. Bei uns sind vor allem Zaumzeuge mit englischem Reithalfter oder hannoverschem Reithalfter üblich. Diese beiden Zäume werden mit Trensengebissen verwendet.

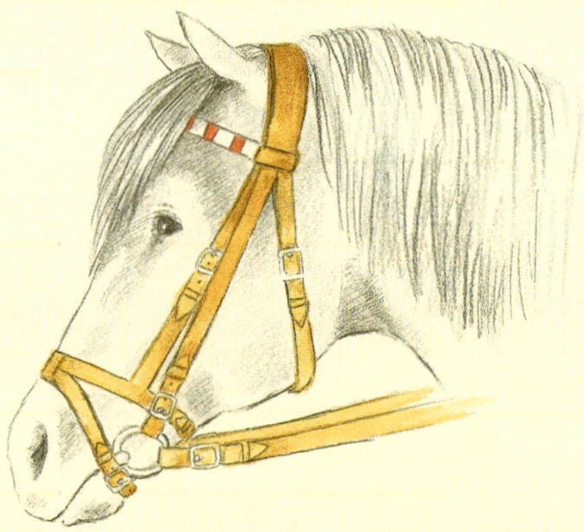

Zum englisch-kombinierten Reithalfter gehört zusätzlich zum Nasenriemen noch ein weiter unten liegender Sperr-Riemen.

Beim hannoverschen Reithalfter muss man besonders darauf achten, dass die Atmung des Pferdes nicht behindert wird.

Was das Pferd im Maul hat

Und auch bei den Trensen gibt es verschiedene Ausführungen. Die häufigsten sind die Wassertrense und die Olivenkopftrense – wobei man hier wieder einfach und doppelt gebrochene Trensen unterscheidet. Manche Pferde werden auch mit gebisslosen Zäumen geritten. Hier gibt der Nasenriemen die Befehle des Reiters an das Pferd weiter.

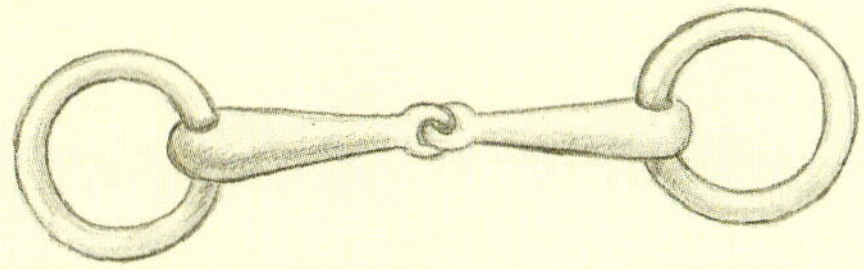

Wassertrense

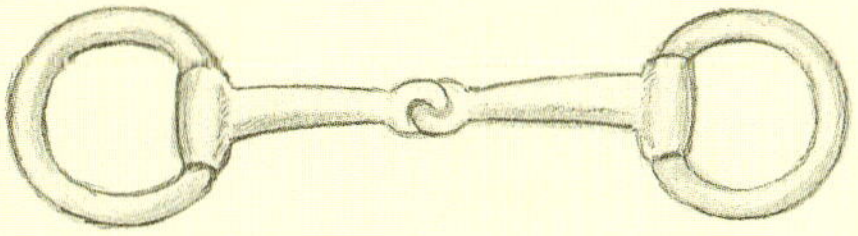

Olivenkopftrense

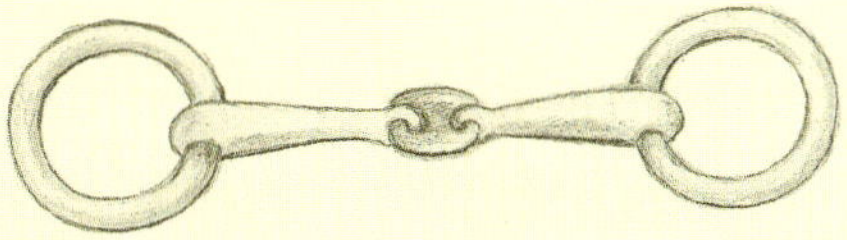

Doppelt gebrochene Trense

Hilfszügel

In den ersten Reitstunden wird dein Pferd wahrscheinlich auch mit Hilfszügeln ausgerüstet sein. Diese so genannten Ausbinder sorgen dafür, dass es den Kopf ruhig hält.

Cadmolinos Pferdewissen:

Dicke und dünne Trensen

Wenn ich geritten werde, habe ich eine dicke Wassertrense mit einem Mittelstück aus Kupfer im Maul. Viele Pferde finden dicke Trensen angenehmer als dünne. Das Mittelstück aus Kupfer hat einen feinen Geschmack – deshalb lutsche ich gerne daran!

Versteckte Pferdeausrüstung

Buchstabenrätsel

In diesem Buchstaben-Wirrwarr sind neun Gegenstände der Pferdeausrüstung versteckt. Findest du alle? Nimm einen Stift und kreise die Begriffe ein! Decke aber vorher die rechte Seite mit der Auflösung ab – spicken gilt nicht!

KDKEOEROMNATLIBLDRESSURSATTELJACKILP
NOLDAISPRINGSATTELLLEIHAUSBINDERDKEZD
KÖSZERKÖLJALÖTIGNBALSTEIGBÜGELAKNIEPA
KÖERDTIEÖSKVIELSEITIGKEITSSATTELAUDBKE
RZWASSERTRENSELKHJYNOLABMILTRAUBMBO
IULKESRNAGOITUZSNOLIVENKOPFTRENSEKLÖ
BKLZÖLHKENGLISCHESREITHALFTERUTILOSEW
MLIHTGATELINBLIOLBEWLISTWESTERNSATTEL

Hast du alle Wörter gefunden? Diese Begriffe stecken in dem Wirrwarr: **Vielseitigkeitssattel, Wassertrense, Olivenkopftrense, Steigbügel, Dressursattel, Springsattel, Westernsattel, englisches Reithalfter** und **Ausbinder.**

Auf **Seite 31** kannst du nachschauen, wo sich die Begriffe versteckt haben.

Rätselauflösungen

Seite 7

Versteckte Reitausrüstung
Hier waren die Begriffe versteckt:

ONSETN**REITHOSE**ELZLMHGIELGLOBSMKLAYCB

PUT**REITHELM**KEZLEZKLOABTERUMISMASOMBTI

KEZNHRNLRP**SICHERHEITSWESTE**LHETEWOIMLA

B**REITHANDSCHUHE**SLHLEICHLTSEIGABLITWETU

ANOULPETRNIBLANOMIB**REITSTIEFEL**PLITRITBMP

Seite 20/21

Reitstunden-Rätsel
Die gesuchten Wörter lauten:
1. Erschrecken, 2. Schritt, 3. Reitstunde, 4. Aufwärmen, 5. Trab, 6. Leichttraben, 7. Galopp, 8. Steigbügeln, 9. Longe.

Der gesuchte Name lautet **Cadmolino**.

Seite 30

Versteckte Pferdeausrüstung
Hier waren die Begriffe versteckt:

KDKEOEROMNATLIBL**DRESSURSATTEL**JACKILP

NOLDAI**SPRINGSATTEL**LLEIH**AUSBINDER**DKEZD

KÖSZERKÖLJALÖTIGNBAL**STEIGBÜGEL**AKNIEPA

KÖERDTIEÖSK**VIELSEITIGKEITSSATTEL**AUDBKE

RZ**WASSERTRENSE**LKHJYNOLABMILTRAUBMBO

IULKESRNAGOITUZSN**OLIVENKOPFTRENSE**KLÖ

BKLZÖLHK**ENGLISCHESREITHALFTER**UTILOSEW

MLIHTGATELINBLIOLBEWLIST**WESTERNSATTEL**

Register

A

D/E

G/H

I/K

L

P

R

S

T

U/Z